和む

「本の名言

はじめに

日本は小さな島国ですが、その中で心や知恵を大切にして、ほかの国々が驚嘆するような文化を育んできました。

言葉もその一つです。和歌や俳句、随筆はもちろんのこと、様々な史書や芸能の秘伝書、家訓なども文化を継承し発展させる大きな力となりました。そして、それらは私たちの心に深く根づいています。その中から、長く人々に語り継がれてきた名言を集めたのが本書です。

表現は様々ですが、どの名言の奥底にも、優しく前向きな和の心が流れています。読者の皆様がそうした和の心を感じ、和やかな気持ちに包まれれば幸いです。

第一章 心豊かに生きたいとき

宮沢賢治　雨ニモマケズ　風ニモマケズ ……………………… 12

河竹黙阿弥　明日は明日の風が吹く ……………………… 14

宮本武蔵　我事において後悔せず ……………………… 16

徳川家康　不自由を常と思えば不足なし ……………………… 18

皆虚　雨降って地固まる ……………………… 20

松平定信　たのしきとおもふは、たのしきもとなり ……………………… 22

徳川頼宣　われ十四才のことが、またあるか ……………………… 24

作者不詳　運は天にあり ……………………… 26

一休宗純　この世にて慈悲も悪事もせぬ人は　さぞや閻魔もこまりたまわん ……………………… 28

鴨長明　ゆく河の流れは絶えずして、しかももとの水にあらず ……………………… 30

西郷隆盛　徳に勤むる者は、これを求めずして、財おのずから生ず ……………………… 32

作者	名言	頁
作者不詳	富めども貧を忘るることなかれ	38
一休宗純	仏とはなんだらぼうし柿のたね　下駄も仏も同じ木のはし	40
山本常朝	人間の一生は誠にわずかの事なり　好いた事をして暮すべきなり	42
千利休	家はもらぬほど、食事は飢ぬほどにてたる事なり	44
林芙美子	花のいのちはみじかくて苦しきことのみ多かりき	46
坂本龍馬	世の中の人はなんとも言わば言え　わが為すことは我のみぞ知る	48
夏目漱石	兎角に人の世は住みにくい	50
コラム	つれづれなる名言	52

第二章　学び成長したいとき

作者	名言	頁
寺田寅彦	疑うがゆえに知り、知るがゆえに疑う	54
世阿弥	初心を忘るべからず	56

山上憶良　生は貪るべし、死は畏るべし …… 62
内田魯庵　至誠天に通ず …… 64
柳生宗矩　我、人に勝つ道を知らず　我に勝つ道を知る …… 66
作者不詳　命を知れる者は天を恨みず、己を知る者は人を恨まず …… 68
貝原益軒　学問する人は、謙を以て基とす …… 70
徳川家康　己を責めて人を責むるな …… 72
良寛　たとえ恆沙の書を読むとも一句を持するにしかず …… 74
吉田松陰　事を論ずるには、当に己れの地、己れの身より見を起すべし …… 76
佐藤一斎　少にして学べば壮にして為す …… 78
福沢諭吉　天は人の上に人を造らず、人の下に人を造らず …… 80
慈円　過まれるを改むる善の、これより大きなる無し …… 82
二宮尊徳　一理を学ば一理を行へ …… 84
道元　学道に勤労して他事を忘るれば、病も起こるまじきかと覚ゆるなり …… 86
松尾芭蕉　格に入り格を出でて、はじめて自在を得べし …… 88

海保青陵　使わねば耗りて、使えばふえる物は智と力となり ……… 44

コラム　歴史を変えた名言 ……… 46

第三章　夢や目標を実現したいとき

道元　いのちを惜しむことなかれ　いのちを惜しまざることなかれ ……… 98

山本五十六　やって見せ、説いて聞かせ、やらせてみ、ほめてやらねば、人は動かぬ ……… 100

武田信玄　九分十分の勝は、味方大負の下作りなり ……… 102

井原西鶴　種まかずして小判も逸歩も生える例なし ……… 104

松亭金水　物に当って砕けろ ……… 106

足利尊氏　天下を救う養う役なり ……… 108

山本常朝　勝というは、味方に勝事なり …… 114
荻生徂徠　人を用ゆる道は、その長所を取りて短所はかまわぬことなり …… 116
吉田兼好　あやまちは安き所に成りて、必ず仕る事に候 …… 118
山本常朝　皮を切らせて骨を切る …… 120
徳川家康　勝つことばかり知りて負くるを知らざれば、害その身に至る …… 122
宮本武蔵　一道万芸に通ず …… 124
二宮尊徳　夫れ天下に主たらんことを願う者は、能く一方に主たり …… 126
勝田祐義　必ず死せんと戦えば即ち生き、必ず生きんと戦えば即ち死す …… 128
高杉晋作　まけてのく人をよわしとおもうなよ　知恵の力の強きゆえなり …… 130
安田善次郎　主人は一家の模範なり …… 132
河竹黙阿弥　大敵と見て懼るべからず、小敵と見て侮らず …… 134
日蓮　何に強敵重なるとも、ゆめゆめ退く心なく恐るる心なかれ …… 136
島田虎之助　剣は心なり …… 138
二宮尊徳　大事をなさんと欲せば、小さなる事を、怠らず勤むべし …… 140

コラム 本当に言った？ その名言 …… 142

第四章 人とよい関係を築きたいとき

鴨長明 魚は水にあかず 魚にあらざれば、その心を知らず …… 144
吉田兼好 身を破るよりも、心を傷しむるは、人を害う事猶甚し …… 146
良寛 いかなるが 苦しきものと問ふならば、人をへだつる心と答へよ …… 148
紀貫之 やまとうたは、ひとのこゝろをたねとして、よろづのことの葉とぞなれりける …… 150
松江重頼 悲しい時は身一つ …… 152
作者不詳 枕をならべても只はかりがたきは人の心なり …… 154
室鳩巣 人を治むるは、よろしく寛なるべし 己を治むるに至っては、厳なるを貴ぶ …… 156
足利尊氏 他人の悪を能く見る者は、己が悪これを見ず …… 158
上杉鷹山 物を贈るには薄くして誠あるを要す …… 160
佐藤一斎 人我に負くとも我人に負くこと勿れ …… 162

新井白石　才あるものは徳あらず　徳あるものは才あらず　真材誠に得がたし

夢窓疎石　山水に得失なし　得失は人心にあり

聖徳太子　和を以て貴しとなし　忤うことなきを宗とせよ

作者不詳　袖振り合うも他生の縁

コラム　現代に通じる『枕草子』の名言

164 166 168 170 172

第五章　人物紹介

武田信玄……174
織田信長……175
豊臣秀吉……176
徳川家康……177
伊達政宗……178
松尾芭蕉……179
西郷隆盛……180
吉田松陰……181
福沢諭吉……182
坂本龍馬……183
山上憶良……184
鴨長明……184
足利尊氏……185
世阿弥……185
一休宗純……186
千利休……186
柳生宗矩……187
宮本武蔵……187
徳川光圀……188
良寛……188
二宮尊徳……189
宮沢賢治……189

第一章　心豊かに生きたいとき

雨《あめ》ニモマケズ　風《かぜ》ニモマケズ

宮沢賢治（本人の手帳）

どんな困難にも負けない健康な体を持ち、よく働き、欲はなく、質素な暮らしを心がける。穏やかで公平公正な心を持ち、困っている人のために行動し、いつもほかの人のためを思っている。それでいて、みんなから褒められようと思わない。

正しい人間のあり方を考え、世の中に貢献したいと願う生き方。そんな理想も、現実の厳しい経験を重ね、世間にもまれるうちに忘れていくのかもしれません。けれど、それを理想とした子どもの頃を思い出し、未来を信じてひたむきに生きたいものです。

明日より、今このときを懸命に生きる

明日《あした》は明日《あした》の風《かぜ》が吹《ふ》く

河竹《かわたけ》黙阿弥《もくあみ》『上総《かずさ》綿《めん》小紋《こもん》単《ひとえ》地《じ》』

将来のことは誰にも分かりません。明日、突然の幸せが訪れるかもしれませんし、思いも寄らぬトラブルが起きるかもしれません。それなのに、あれこれと先のことを心配して何になるのでしょうか。今日は今日、明日は明日と気持ちを切り替えてみるのも大切なことです。

先のことを悩むよりも、今この瞬間を思い切り生きる。それが明日を切り開く力になるのです。

我事《われこと》において後悔《こうかい》せず

宮本武蔵『独行道《どっこうどう》』

いつも正しく、失敗もせずに生きている人はいません。誰でも間違いや失敗を必ず犯すものです。そして、誰もがそのことを後悔します。

しかし、いつまでも悔やみ続けるのではなく、失敗を素直に受け入れるようにしましょう。そして反省し、得た教訓を次に生かすのです。大切なのは過ちから学びとり、次の一歩を踏み出すこと。そうすれば、それが経験となって積み重なっていくのです。

不自由《ふじゆう》を常《つね》と思《おも》えば不足《ふそく》なし

徳川家康『東照公《とうしょうこう》遺訓《いくん》』

生きていれば、思うままに、自由にならないことも多いもの。そんなときはつい苛立ったり、愚痴をこぼしたりするものです。

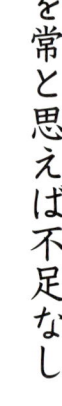

しかし、何もかもが思い通りになる人生なんてありません。不自由するのが当たり前だと思えば、不満を感じることもないはずです。

じっと時期をうかがい待って忍耐力を養えば、一時の焦りで失敗するようなこともなく、自分の人生を着実に歩んでいくことができるのです。

雨《あめ》降《ふ》って地《じ》固《かた》まる

皆虚《かいきょ》『世話尽《せわづくし》』

激しい雨が降れば、土壌は雨に濡れもろくなってしまいます。しかし、雨がやんでしばらく経てば、それまで以上に強固に、そして滋養豊かな土壌となります。

人生も同じです。生きていれば、悲しいことやつらいこと、そして失敗することは多々あります。しかし、それらを乗り越えた後、私たちの心はより強く、より豊かになっているのです。失敗を恐れず、すべてを受け入れていけば、あなたの内面はますます豊かに育まれていくのです。

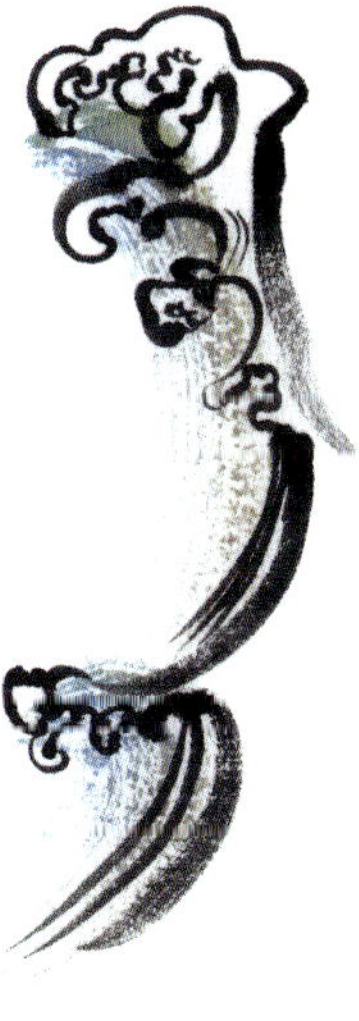

どんなときでも楽しさを見つける気持ちを忘れない

たのしきとおもふは、たのしきもとなり

松平定信《まつだいらさだのぶ》『樂亭壁書《らくていへきしょ》』

私たちは、楽しさは周りから与えられるものと考えがちです。

しかし、どんなことでも前向きな気持ちで工夫を持って取り組めば、そこ

に楽しさが生まれます。反対に、やる気を出さずにだらだらとやっていては、面白みを見出すのも難しいでしょう。

楽しさはその人の心の持ち方によって変わるのです。どんなときも前向きに取り組む姿勢を忘れなければ、つらいことや苦しいことにも、楽しみを見つけることができるでしょう。

われ十四才《じゅうよんさい》のことが、またあるか

徳川頼宣《とくがわよりのぶ》『名将言行録《めいしょうげんこうろく》』

私たちはときどき、後からでもできる、チャンスはまだあると考えて、行動を控えてしまうことがあります。しかし、そのときとまったく同じ機会が巡ってくることは二度とありません。

そのときにつかんだチャンスは、そのときだけ生かすことができます。それを決して忘れずに常に挑戦を続けていけば、より多くの経験を積み、成長していくことができるのです。

運《うん》は天《てん》にあり

作者不詳『太平記』

運は、自分で決められるものではなく、天が決めるもの。自分の力だけではどうしようもない部分があります。ですが行動や努力次第で、運命を切

り開くことはできるのです。やれることはすべてやって、後は天にまかせようという決意をもって物事に臨みましょう。そうすることで、運をも味方につけて、目標を達成することができるでしょう。

この世《よ》にて慈悲《じひ》も悪事《あくじ》もせぬ人《ひと》は
さぞや閻魔《えんま》もこまりたまわん

一休宗純《いっきゅうそうじゅん》『狂歌問答《きょうかもんどう》』

世の中には、他人を思いやり、情け深い人もいる一方で、何らかの事情で悪事に手を染める人もいます。また、生きていく中で誰しも失敗したり、人を傷つけてしまうこともあるでしょう。

しかし、それも生きていればこそなのです。善いことも悪いことも何もせず、平然と生きている人が、本当に生きていると言えるでしょうか。ときには失敗することがあっても、間違いを恐れずに行動する、それが大切です。

ゆく河《かわ》の流《なが》れは絶《た》えずして、しかももとの水《みず》にあらず

鴨長明『方丈記』

川の流れは絶えることがなく、常に移り変わっていきます。淀みに浮かぶ水泡も、消えたり生まれたりして、一つとして同じではありません。

世の中も同じです。私たちには勝者も敗者もなく、大きな流れの中の小さな存在でしかありません。

だからおごることも、自分の力を過信することもなく、人に支えられ、生かされていることに感謝して生きていきましょう。

お金は、努力し心を磨く人のところに集まってくる

徳《とく》に勤《つと》むる者《もの》は、これを求《もと》めずして、財《ざい》おのずから生《しょう》ず

西郷隆盛『西郷言行録』

儲けることばかり考えている人が、実際にお金を貯めるのは難しいものです。お金を第一に考えていると、地道な努力をやめてしまったり、人を大切にすることを忘れてしまうからかもしれません。

お金のことなど考えずに、地道な努力を続け、人を大切にして心を磨くこと。そう

すれば、多くの人に認められて、たくさんの協力が得られるようになります。そのときお金も自然と集まってくるのです。

人間《じんかん》五《ご》十年《じゅうねん》、
化《け》天《てん》の内《うち》をくらぶれば夢《ゆめ》幻《まぼろし》のごとくなり

作者不詳『敦盛《あつもり》』

織田信長が好んで舞ったといわれる幸《こう》若《わか》舞《まい》『敦盛』の一節です。

人間の一生は短く、天上の世界と比べれば、夢や幻のようなもの。ときには、その短さに焦りや虚しさをおぼえることもあるかもしれません。

しかし、人生が永遠と続くものならば、誰も懸命に生きていこうとしないでしょう。人生が短くはかないものだということが分かっているからこそ、人は自分の夢のためにすべてを賭けて生きていけるのです。

苦《く》は楽《らく》の種《たね》、楽《らく》は苦《く》の種《たね》と知《し》るべし

徳川光圀『光圀壁書《みつくにへきしょ》』

つらく苦しいことがあっても、それを乗り越えようと努力していけば、やがて喜びが生まれ、しばしの安息を得ることができます。また、楽しいことが永遠に続くこともありません。

つまり、苦と楽は背中合わせなのです。もし苦労が目の前に現れたときは、やがてやってくる楽しみを信じて、自ら苦に挑んでいくことが大切なのです。

うまくいっているときも、苦しかったときのことを忘れない

富《と》めども貧《ひん》を忘《わす》るることなかれ

作者不詳『実語教《じつごきょう》』

成功を目指してがんばっているときは、苦労も多いものですが、仲間を大切にし、自分も最大限の努力をします。その仲間と自分の努力が、成功と豊か

さの礎となるのです。

しかし、成功し豊かになったとたん、人はその苦労を忘れてしまうもの。

物事が順調に進んでいるときも苦労していたときのことを忘れない。どんなに豊かになっても、貧しくがんばっていたころを忘れない。そうすれば、幸せな日々が続いていきます。

本質を見つめれば、自由に生きていける

仏《ほとけ》とはなんだらぼうし柿《かき》のたね
下駄《げた》も仏《ほとけ》も同《おな》じ木《き》のはし

一休宗純《いっきゅうそうじゅん》『狂歌問答《きょうかもんどう》』

仏像は人に大切にされ、ときには触ることさえはばかられる神聖なもの。一方で下駄は、毎日足に敷かれてこき使われる道具。まったく違うもののように思えますが、もともとはどちらもただの木片にすぎないのです。

常識、慣習、見た目、噂……、私たちは多くのことにとらわれ、知らず知らず偏った目で物事を見てしまいます。しかし、それは本質をとらえていません。物事の本質を見極めるようにすれば、とらわれから解放され、自由に豊かに生きていけるでしょう。

人間《にんげん》の一生《いっしょう》は誠《まこと》にわずかの事《こと》なり 好《す》いた事《こと》をして暮《くら》すべきなり

山本常朝《やまもとつねとも》『葉隠《はがくれ》』

人の一生は本当にわずかなもの。だからこそ好きなことをして暮らしていくようにしましょう。

したくないことに時間を費やし、嫌

な思いをして人生が過ぎていくのは、あまりにももったいないことです。

それよりも、自分のしたいこと、好きなことを精一杯やりきり、充実した人生を送る方が豊かで幸福といえます。

どのように生きるかは、自分次第で決められるのです。

欲望にとらわれず、身近な幸せを見つめる

家《いえ》はもらぬほど、食事《しょくじ》は飢《うえ》ぬほどにてたる事《こと》なり

千利休《せんのりきゅう》『南方録《なんぼうろく》』

家は雨露をしのげる程度、食事は飢えない程度にあれば、十分なもの。

しかし人は、素敵な家に住みたい、おいしいものをたくさん食べたい……、そんな気持ちを持つもの。決して悪いことではありませんが、そうした気持ちはときとして際限なく大きくなり、身近な幸せに満足できなくさせてしまうのです。

物事にはすべて適度があります。適度をわきまえ、ないものばかりをほしがるより、今ある幸せを大切に感じるようにしましょう。

花《はな》のいのちはみじかくて
苦《くる》しきことのみ多《おお》かりき

林芙美子《はやしふみこ》『放浪記』

美しい花も、その姿を見せるのはわずかな間だけ。その生命のほとんどの時間は、花を咲かせるまでの成長に費やされます。

人生も、若く楽しい時期はほんのわずかかもしれません。それ以外は長い努力と成長の日々が続くのです。

しかし、その成長の過程にこそ、自分を磨く喜びがあふれ、夢や友情、愛が眠っているのです。だからこそ、苦しくても、花を咲かせるそのときまで、懸命に生きていきましょう。

世《よ》の中《なか》の人《ひと》はなんとも言《い》わば言《い》え
わが為《な》すことは我《われ》のみぞ知《し》る

坂本龍馬『龍馬詠草《りょうまえいそう》』

新しい生き方や考えは、未来を切り開く力になります。ですが、その一方で批判の的になったり、笑われたりすることも。そんな反応を受け、新しい道に踏み出すことが怖くなるかもしれません。

批判や嘲笑は常識や世間体にとらわれた人がすること。人に何と言われようと自分のすることの意味は自分だけが知っている。そんな熱い思いと自信を持って歩いていけば、自分の未来だけでなく多くの人の未来を作り出すでしょう。

住みにくい世の中で心を癒やすものを見つけて

兎角《とかく》に人《ひと》の世《よ》は住《す》みにくい

夏目漱石『草枕』

理屈ばかりでは人と反目してしまう、人の心を大切にし過ぎると流されてしまう、自分の意地を通すと何事も思うように進まない……、世間というのは

とかく住みにくいもの。

その住みにくい世の中で生きていくためには、心を癒やしてくれるものが必要です。芸術、スポーツ、趣味、仲間、何でもいいのです。現実からそっと離れて、気持ちを癒やしてくれる時間と空間があれば、つらいことがあっても、前向きに生きていくことができるでしょう。

つれづれなる名言

「つれづれなるままに、日暮らし硯《すずり》に向かいて〜」で始まる吉田兼好の『徒然草』。教科書に掲載されていることもあり、多くの人に知られた名随筆です。

実はこの『徒然草』、名随筆というばかりでなく、人生の様々な場面で指針となる名言が数多く含まれています。

本書でもいくつか紹介しましたが、ほかにも次のようなものがあります。「必ず果し遂げんと思はん事は、機嫌を言ふべからず（やろうと思うことは機会を選ばずにすぐにやる）」「勝たんと打つべからず。負けじと打つべきなり（勝とうとせず負けないようにすることが大切）」「何方《いずかた》をも捨てじと心にとり持ちては、一事《いちじ》も成るべからず（欲張っては、何も達成できない）」など。

『徒然草』を読み、そこにある教えを実行すれば、それだけで人生の達人になれるほどです。

第二章　学び成長したいとき

疑《うたが》うがゆえに知《し》り、知《し》るがゆえに疑《うたが》う

寺田寅彦『知と疑い』

いつもは当たり前だと思っていること。それは本当に当たり前なのでしょうか。角度や立場を変えて見てみると、これまでとまったく違う風景が見えて

くることがあります。

どんなことでも疑いを持って見てみることで、新たな見方を手に入れられます。そして新たな見方を手に入れれば、今までの常識に疑問が生まれます。

これを繰り返すことで、私たちは学び成長していけるのです。

初心《しょしん》を忘《わす》るべからず

世阿弥《ぜあみ》『風姿花伝《ふうしかでん》』

一つのことに熟達しても、習い始めのころを忘れないようにしましょう。

習い始めのころは未熟で、失敗も多いものですが、そこからたくさんのことを学びます。熟達したからといって、その学んだことを忘れてしまっては、成長するどころか、能力が衰えてしまうかもしれません。

どんなに腕が磨かれても、初心のころから学んできたことを忘れない。それを心がければ、その成長は揺るぎないものとなるでしょう。

下手は上手になるための通過点

下手《へた》は上手《じょうず》の下地《したじ》なり

寒河正親《さむかわまさちか》『子孫鑑《しそんかがみ》』

どんなことでも最初は下手なもの。それからだんだんと習熟して、上手になっていくのです。

ですから下手だからという理由で物

事をあきらめる必要はありません。下手は上手への道、上手になるための下地作りなのです。

下手だからといって落ち込まず、少しずつでも着実に努力を重ねていけば、自然とうまくなっていけるのです。

誰でも努力によって限界を超えられる

稽古《けいこ》に神変《しんぺん》あり

松江《まつえ》重頼《しげより》『毛吹草《けふきぐさ》』

どんなことでも懸命に努力を重ねるうちに、高い境地に達することができます。最初はなかなか思うように進歩せず、歯がゆい気持ちになるかもしれません。ですが、あきらめずに続けていくことで、やがて熟練してきます。そして、さらに鍛錬すれば、限界を超えた力をも身につけることができるのです。

それはどんな人でも可能なこと。努力さえすれば、あなたもきっとできるのです。

生《せい》は貪《むさぼ》るべし、死《し》は畏《おそ》るべし

山上憶良《やまのうえのおくら》『万葉集』

命を貪るようにして生きる。それは、一瞬も無駄にしないという気持ちを持って、自分の目標のために努力を重ねるということです。

そんな気持ちで生きていれば、学びがあり、やりたいことの多くをやり遂げられるはず。

そして、やがて訪れる死はありがたく受け入れましょう。一日一日を大切に精一杯生きていけば、死に接したとき、悔いのない一生であったと言えるようになるでしょう。

至《し》誠《せい》天《てん》に通《つう》ず

内《うち》田《だ》魯《ろ》庵《あん》『社《しゃ》会《かい》百《ひゃく》面《めん》相《そう》』

どんなにがんばっても人に認めてもらえず、悔しい思いをすることがあるかもしれません。そんなときは、つらく苦しく投げ出したくなるかもしれません。

ですが、あなたの心がまっすぐで、誠意を持って行動しているのなら、きっと認めてもらえる日がきます。なぜなら、どんな人も最後は真心や誠実さに心を動かされるからです。一点の曇りもないほどの誠意があれば、気持ちが通じて、必ず道が開かれるでしょう。

自分に打ち勝つことが成功への近道

我《われ》、人《ひと》に勝《か》つ道《みち》を知《し》らず
我《われ》に勝《か》つ道《みち》を知《し》る

柳生宗矩《やぎゅうむねのり》『葉隠《はがくれ》』

仕事や勉強などでライバルを持ち、競い合うのはよいことです。しかし、ライバルに勝つことばかり考えていては、自分を成長させるのは難しいかも

しれません。

なぜなら、本当に戦わなくてはならない相手は自分だからです。怠けようとする心に打ち勝つのも自分。ライバルがいないときでも、さらなる高みを目指すのも自分。

人に勝つ方法よりも、自分に勝つ方法を身につける。それが成功への近道なのです。

天や人を責めずに、進むべき道を進む

命《いのち》を知《し》れる者《もの》は天《てん》を恨《うら》みず、己《おのれ》を知《し》る者《もの》は人《ひと》を恨《うら》まず

作者不詳『十訓抄《じっきんしょう》』

自分の進むべき道を知っている人は、どんな苦難があってもその道を与えた天を恨まないものです。また、自分のことをよく知っている人は、不幸であっても、人のせいにしたりはしないでしょう。

それは、天や人を責めたところで、決して自分のためにならないことを知っている

からです。自分の力を知り、進むべき道を定めたなら、後は心惑わされず、静かに着実に歩を進めていきましょう。

学問《がくもん》する人《ひと》は、謙《けん》を以《もっ》て基《もとい》とす

貝原益軒《かいばらえきけん》『大和俗訓《やまとぞっくん》』

何かを学ぶときは、何よりも謙虚さが必要です。

謙虚さとは、自分の能力や知識、経験よりも人からの教えや忠告を大切にして、素直に受け入れること。そして心をまっさらにして、積極的に学び、教えてくれる人を尊敬することです。

そうすることで偏った考えを持たなくなり、新たな知が得られるのです。

この謙虚さがあれば、しっかりとした土台が築かれ、学びはどこまでも進むでしょう。

人を責めるより自分を改めることを心がける

己《おのれ》を責《せ》めて人《ひと》を責《せ》むるな

徳川家康『東照公《とうしょうこう》遺訓《いくん》』

うまくいかないことを人のせいにしていては、自分の成長は望めません。たとえ、どう考えても相手が悪いような場合でも、自分がどう変われば問題が起きないのかを考えてみましょう。そうすれば未来に生かせる知が増え、自分自身を成長させることができます。

すべてを自分の責任だと考えるのはとても難しいもの。ですが、そこから学ぶことができれば、さらなる飛躍につながるのです。

一つでも教えを実践することを大切に

たとえ恒沙《ごうしゃ》の書《しょ》を読《よ》むとも一句《いっく》を持《じ》するにしかず

良寛（本人の書）

どれだけたくさんの本を読んでも、読むことだけを目的にしていては、何の変化も得られません。

本を読み、その中に書かれた大切な

言葉を一つ心に刻みつけ、その言葉の意味するところを実践することが大切なのです。

そうすれば、その言葉はあなた自身のものとなって、大きな学びや恵みをもたらすでしょう。知を得るだけでなく、実際に教えを生きることが重要なのです。

自分を土台とした意見が信頼を集める

事《こと》を論《ろん》ずるには、当《まさ》に己《おの》れの地《ち》、己《おの》れの身《み》より見《けん》を起《おこ》すべし

吉田松陰『丙辰幽室文稿《へいしんゆうしつぶんこう》』

何かを学び、意見を述べるときは、自分の立場に基づき、自分に関わりのあるものとしてその物事をとらえましょう。

自分との関わりを見つめながら、そこから離れることのない、地に足のついた意見と信念があってこそ、初めて人を感化することが口にできるのです。やがてその態度

が多くの人からの信頼を集め、大きな物事をも動かす力となっていくのです。

少《しょう》にして学《まな》べば壮《そう》にして為《な》す

佐藤一斎《さとういっさい》『言志四録《げんししろく》』

若いころから目標に向かって学べば、成人するころにはその目標が達成できるでしょう。

そして成人してからも学べば、年老

いても衰えることがなく、充実した日々を過ごせます。年老いてからも学べば、死んだ後も名を後世に残すことができるでしょう。

つまり、学びは一時のものではなく、続けることで、その力を際限なく増していくもの。始めるのに遅いということもありません。いつ始めようとも、続けることが大切なのです。

学び、向上することはみなに与えられた平等の機会

天《てん》は人《ひと》の上《うえ》に人《ひと》を造《つく》らず、人《ひと》の下《した》に人《ひと》を造《つく》らず

福沢諭吉『学問のすゝめ』

人はみな平等に生まれてきます。生まれながらにして人より偉い人もいなければ、劣った人もいないのです。

では、なぜそこに地位や財産の差が生じるのでしょうか。それは、その人の学びや努力によるもの。懸命に学び、多くの知識や技術を身につけた人は、それに見合う立

場や財を手にすることができるのです。自らを高め、富や豊かさを得ることは誰にでもできることなのです。

過《あや》まれるを改《あらた》むる善《ぜん》の、これより大《おお》きなる無《な》し

慈円《じえん》『愚管抄《ぐかんしょう》』

失敗や間違いがあったときは、それを正当化したり、言い訳したりして、つい自分を守ろうとしてしまいます。

しかし、それでは失敗を見直して、

そこから学ぶ機会を、自ら捨ててしまうことになるのです。

失敗したときに大切なのは、それをすぐに認め、反省し、改善すること。そうすれば同じ失敗を繰り返すこともなく、すみやかに大きく成長できるのです。

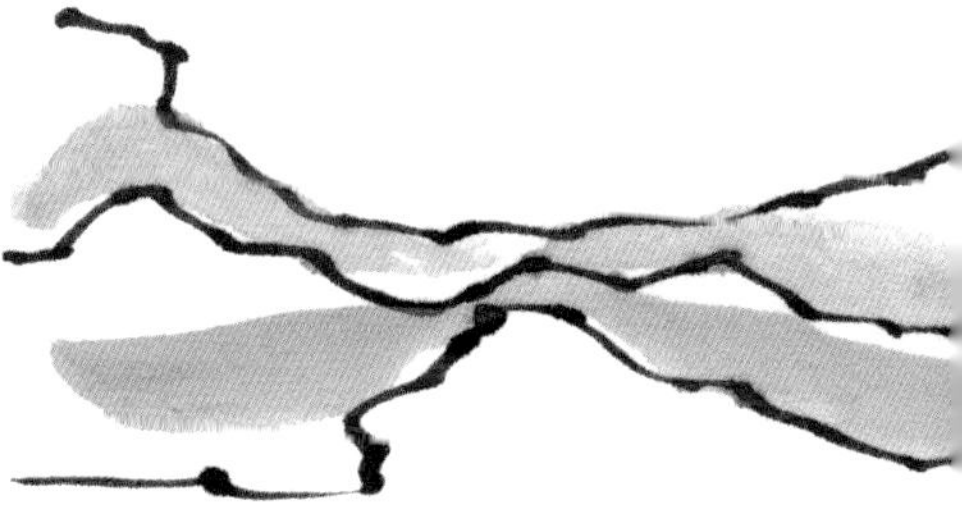

学びは使ってこそ、その力を発揮する

一理《いちり》を学《まなべ》ば一理《いちり》を行《おこな》へ

二宮尊徳『金言集』

どれほど多くの学びを重ねても、それだけでは実際に役立つことは少ないでしょう。学んだことは必ず一つひとつ実践して確かめるのが大切です。そうすることで確実に自分の身につき、応用も自在に効くのです。

何かを学ぼうと思うなら、机の上で本を読むだけではなく、その学びを日々の生活

や仕事などに使ってみましょう。行動に移すことで、読むだけでは分からなかった様々なことが理解できます。

勉強や仕事に打ち込めば、心も体も充実する

学道《がくどう》に勤労《きんろう》して他事《たじ》を忘《わす》るれば、病《やまい》も起《お》こるまじきかと覚《おぼ》ゆるなり

道元《どうげん》『正法眼蔵随聞記《しょうぼうげんぞうずいもんき》』

嫌なことを無理矢理やったり、やることもなく怠惰に過ごしてばかりいると気持ちがふさぎ込み、心ばかりか体までも悪くなってしまいます。

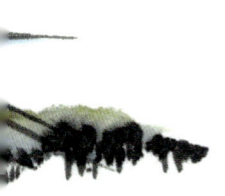

一方、ほかのことはすべて忘れてしまうほど、勉強や仕事に一生懸命打ち込んでいれば、喜びや充実感で満たされます。そんなときは、心も体も健康でいられるでしょう。

勉強や仕事に励むことで、健やかな心身を築き上げる。そんな気持ちを持って日々臨みましょう。

型を身につけることで、自在な力を得られる

格《かく》に入《はい》り格《かく》を出《い》でて、はじめて自在《じざい》を得《う》べし

松尾芭蕉『祖翁口訣《そおうこうけつ》』

学びでも仕事でも、最初は守るべき決まった型や基礎というものがあります。人によっては、それがうとましく、すぐに自分のやり方でやってしまうこともあるかもしれません。しかし、型や基礎は、その道の先人達が作り上げた最良で最高の学びの方法なのです。

回り道のように思えても、まずは型や基礎を繰り返し、自分の一部にしましょう。
そうして型を意識する必要さえなくなったときに、初めて個性が発揮できるのです。

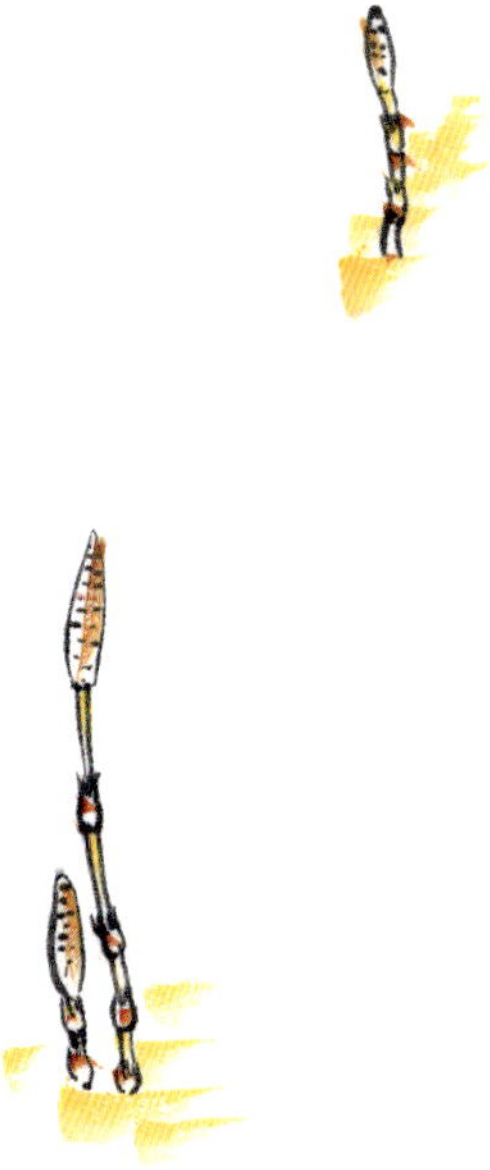

過去を振り返ることが今の指針となる

古《いにしえ》に稽《かんが》へて今《いま》を照《て》らす

太安万侶《おおのやすまろ》『古事記上表』

古くてもよいものを理解し、大切にすることで、今のあり方を考え、将来の参考にすることができます。

新しいことに挑戦するときは、つい

将来にばかり目を奪われがちです。しかし、今まで積み重ねられてきた歴史の中にこそ、現在や将来の指針となるものが眠っているのです。

昔のことだからと軽く扱わず、十分に理解し参考にしようと努めれば、それは光を放ち、今と未来を明るく照らしてくれるでしょう。

たしなみの武辺《ぶへん》は
生《う》まれながらの武辺《ぶへん》に勝《まさ》れり

織田信長『名将言行録《めいしょうげんこうろく》』

生まれながらの才能の違いは、確かにあるかもしれません。しかし、その才能もしっかりと磨き、自らの夢に向かって使うことがなければ、輝くこともなく終わってしまうのです。

その一方、目標のために努力し、その結果得た力は光り輝いています。自分で身につけた力は、才能よりも優れているのです。才能があろうとなかろうと、自分をしっかりと磨き上げることで、本当に役立つ力が得られるでしょう。

能力は使えば使うほど磨かれる

使《つか》わねば耗《へ》りて、使《つか》えばふえる物《もの》は智《ち》と力《ちから》となり

海保《かいほ》青陵《せいりょう》『経済話《けいざいわ》』

知恵や能力、体力は使わないでいると衰えていきますが、使っていけば、その力をどんどん増やすことができるのです。

どんなことも自分で考え、解決しようとしていれば、自然に自分の知恵や能力を使うようになります。すると、はじめは困難に思えたことも、解決できるだけの力が身についてくるのです。

あきらめずに自分の力を精一杯使うこと。それが成長そのものなのです。

歴史を変えた名言

たった一つの言葉が、その後の歴史を大きく変えることもあります。そんな言葉は、たとえ深い含蓄がなくても名言といってよいでしょう。

その代表的なものは明智光秀の「敵は本能寺にあり」です。

日本を手中に収めかけていた織田信長は、中国攻めを行っていた羽柴秀吉の応援に向かう途中で京の本能寺に宿泊していました。そんな折、同じく秀吉の援軍として出発した明智光秀が、突然本能寺に向かうと、「敵は本能寺にあり」の一言とともに、信長を攻め滅ぼしてしまったのです。

この瞬間、歴史は大きく転換し、豊臣秀吉、徳川家康へと天下が移り変わっていったのです。明智光秀の一言が、江戸幕府成立までの流れを決めた一つの分岐点になっているのです。

第三章　夢や目標を実現したいとき

いのちを惜《お》しむことなかれ
いのちを惜《お》しまざることなかれ

道元《どうげん》『正法眼蔵随聞記《しょうぼうげんぞうずいもんき》』

ときには命を賭けるほどの気持ちを持って、努力しなくてはならないときもあります。だからといって病気の治療を怠ったり、ケガを放置するなど、命を粗末にしてはいけません。病気やケガを抱えながらも前向きに、素晴らしい仕事をしている人はたくさんいるのです。

今の自分にできる範囲で精一杯の努力をする。それが大切なことでしょう。

自らが率先してやり、成果を認めることで人を動かす

やって見《み》せ、説《と》いて聞《き》かせ、やらせてみ、
ほめてやらねば、人《ひと》は動《うご》かぬ

山本五十六《やまもといそろく》
『正法眼蔵《しょうほうげんぞう》四摂法《しせつほう》之《の》巻《まき》模壁《もへき》』

指導する立場に立つと、自分の思い通りに動いてくれない人に苛立つこともあるでしょう。
そんなときは、まず自分でやってみ

せて、しっかりと説明し、それから実際にやらせ、うまくいったら褒めるようにしましょう。指導者が動けば、部下も同じように動き、きちんと評価されることでやる気も高まります。

　そうすることで、指導者も部下もそれぞれの目標を達成できるようになるのです。

ほどほどの勝ちを求めることが負けない秘訣

九分《くぶ》十分《じゅうぶ》の勝《かち》は、味方《みかた》大負《おおまけ》の下作《したづく》りなり

武田信玄『甲陽軍鑑《こうようぐんかん》』

誰しも圧倒的な勝利を望むものですが、勝利が完璧に近づくほど大敗のもととなります。なぜなら、大勝に近づくほど相手を軽く見てしまい、油断してしまうから。そして自分をより鍛え、成長しようという努力をおろそかにしてしまうからです。

完璧な勝ちよりほどほどを求めることです。そこから生まれる緊張感や向上心が、

止まることのない成長を生み出し、負けない自分を作るのです。

種《たね》まかずして小判《こばん》も逸歩《いっぽ》も生《は》える例《れい》なし

井原西鶴《いはらさいかく》『日本永代蔵《にっぽんえいたいくら》』

花を育てるときは、種をまき、水をやり、雑草を取り……と細かく大切に世話をしてやらなくてはなりません。

富や成功を望むときも同じです。そ

のために準備をしなくてはなりません。何もせずに、それらを手に入れられることはめったにないのです。

　富や成功を望むならば、その努力を惜しまないこと。そうすれば、大きく美しい花を咲かせることができるでしょう。

物《もの》に当《あた》って砕《くだ》けろ

松亭金水《しょうていきんすい》『閑情末摘花《かんじょうすえつむはな》』

何でもやってみなくては、どうなるか分かりません。成功するか、失敗するかはやる前には分からないのです。

ただ一つ言えることは、やらなければ、決して自分のものにはならず、成功しないということ。また、失敗して、そこから何かを学ぶことさえもできません。どんなことでもやらなければ、何も生まれないのです。当たって砕けて、初めて自分のものになることもあります。ですから先を恐れず、行動に出ましょう。

人を思う苦労が、幸せをもたらす

天下《てんか》を司《つかさど》る人《ひと》は、天下《てんか》を救《すく》い養《やしな》う役《やく》なり

足利尊氏『等持院殿御遺書《とうじいんどのごいしょ》』

人を指導する立場になると大変な苦労を背負うことになります。なぜなら、自分のことは後回しにして、人のことを思い、尽くす必要があるからです。

しかし、その苦労を乗り越えるだけの価値があるのです。人のことを思い行動すれば、それは自分の幸せとなって返ってきます。指導者が一人でも多くの人のことを考えて行動すれば、それだけ指導者にとって大きな幸せとなり、自分の夢を実現していく道につながるのです。

金銀《きんぎん》多分《たぶん》積《つ》みおくは、
よき士《し》を牢《ろう》へ押《お》しこめおくにひとし

豊臣秀吉『名将言行録《めいしょうげんこうろく》』

お金は人にとって不可欠なもの。ですから、できるだけたくさん持っていたいという気持ちになるのは自然なことです。

ですが、持っているだけでは、せっかくのお金を生かすことができません。それは優秀な人材を使わずに放置しているのと同じこと。

お金は、夢や目標の達成など、意義のあることに使われて、はじめてその価値を発揮するのです。惜しまず意味あるものに投資し、自分の人生に生かしていきましょう。

改めてもよい結果にならなければ、今の自分を生かす

改《あらた》めて益《やく》なき事《こと》は、改《あらた》めぬをよしとするなり

吉田兼好『徒然草』

欠点や失敗に気づいたとき、すぐに直したいと焦ることがあるかもしれません。欠点や失敗をよい方向に改めようという気持ちは大切です。しかし、一つひとつの欠点や失敗を無理に改めても、自分にとっても他人にとっても、それほどよい結果が出ないのなら、過大に考えこまなくてもよいかもしれません。

失敗を悔やんでくよくよするよりも、今自分が持っている力を生かしていくことを考えてみましょう。その方が自分も周りもよい方向に進むことができます。

勝《かつ》というは、味方《みかた》に勝事《かつこと》なり

山本常朝《やまもとつねとも》『葉隠《はがくれ》』

成功を収めるためには、仲間との間でも妥協せずに、真剣に物事に当たる必要があります。それが味方に勝つということです。

そして味方に勝つためには、自分自身が、妥協しようとする弱い心に勝たなくてはなりません。

弱い心は柔弱な体から生まれます。気力でもって柔弱な体を鍛えようとすることが、弱い心に打ち勝つことにつながるのです。まずは体を鍛えようとする気力を持つこと。それが成功につながるのです。

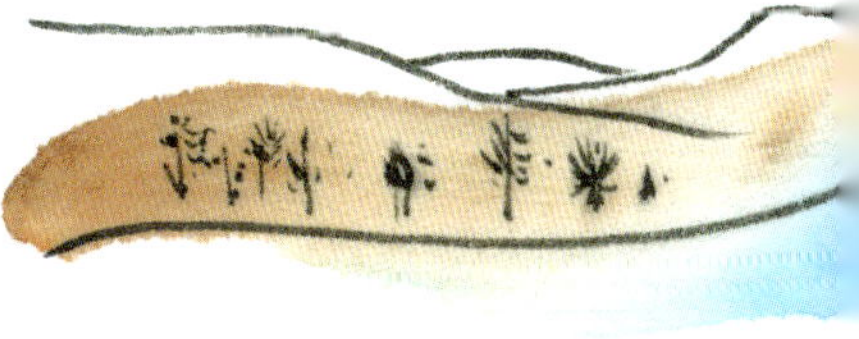

人《ひと》を用《もち》ゆる道《みち》は、その長所《ちょうしょ》を取《と》りて
短所《たんしょ》はかまわぬことなり

荻生《おぎゅう》徂徠《そらい》『太平策』

人を指導する立場に立ったとき、仕事をうまくこなしてほしい気持ちから、相手の短所や苦手とするところばかり気になってしまうかもしれません。しかし、苦手なところを直す指導ばかりしていると、相手を萎縮させてしまい、その長所を生かすことができなくなることも多いのです。

人を指導するときは、長所だけを見るようにしましょう。そうすれば、その人の力が最大限に発揮され、短所も気にならなくなるのです。

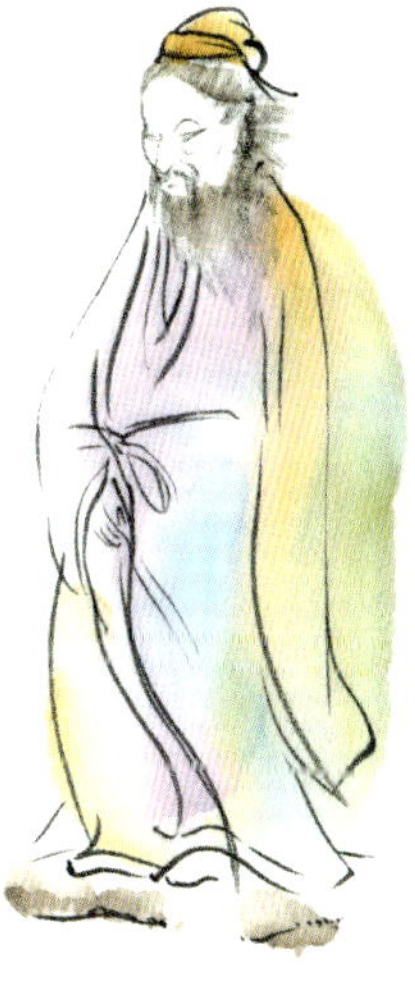

あやまちは安《やす》き所《ところ》に成《な》りて、必《かなら》ず仕《つかえ》る事《こと》に候《そうろう》

吉田兼好『徒然草』

難しいことや危ないことをするときは、どんな人でも慎重になって、失敗したりしないよう気をつけるものです。ですから、そんなときは案外、失敗が

少ないものです。

むしろ気をつける必要があるのは、誰にでも簡単にできるようなこと。そうしたことほど安心して、気を抜いてしまい、失敗するものなのです。

簡単なことでも一つひとつ丁寧にこなしていくことで、夢の実現はより着実なものとなるでしょう。

皮《かわ》を切《き》らせて骨《ほね》を切《き》る

山本常朝《やまもとつねとも》『葉隠《はがくれ》』

目標や夢をかなえるために、自らを危険にさらしたり、何かを失わなくてはならないことがあるかもしれません。それは想像以上の大きな痛手や苦しみをともなうこともあるでしょう。

ですが、失うもの以上に大切で、夢の実現のために欠かせないものを得られるならば、ときには捨て身で敵に挑む覚悟も必要です。そうすることで強敵を倒し、大きな成果を得ることもできるのです。

失敗から学ぶことが成功につながる

勝《か》つことばかり知《し》りて負《ま》くるを知《し》らざれば、害《がい》その身《み》に至《いた》る

徳川家康『東照公《とうしょうこう》遺訓《いくん》』

失敗することなく、いつも成功していたいという気持ちは誰にでもあるでしょう。ですが、成功ばかりがよいこととは限らないのです。

成功は成果や自信をもたらしますが、それだけでは現状に満足して成長が止まってしまうことも。一方で失敗はつらいものですが、そこから多くを学び、創意工夫の機会を得て、自分の幅を広げていくことができるのです。

失敗も成長には必要なもの。まっすぐ受け止め、生かすことで、大きな成功へ近づいていけるのです。

一つの道を極めれば、ほかのことにも応用できる

一道万芸《いちどうばんげい》に通《つう》ず

宮本武蔵『五輪書《ごりんのしょ》』

一つのことに懸命に取り組んでいるとき、このままこの道に進んでいいのか、ほかのこともやっておいた方がよいのではと不安になるかもしれません。

ですが、そんな不安は気にしなくても大丈夫です。一つのことに全力で取り組み、それを完全に体得したとき、その根本となる能力や技術がほかのことにも生かせるの

に気づくはず。一つの道を極めることは、同時にすべての道を開くことにつながるのです。

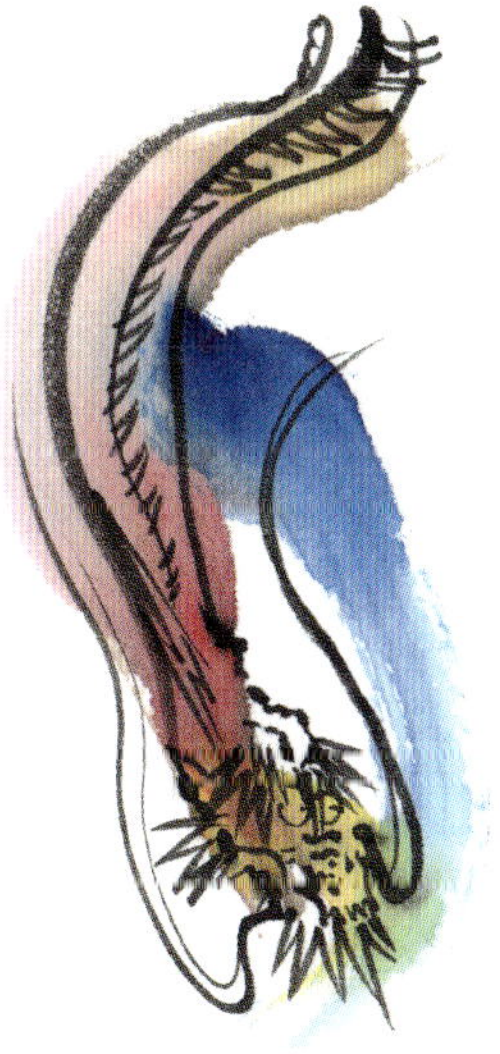

夢を大きく持つことが可能性を広げる

夫《そ》れ天下《てんか》に主《あるじ》たらんことを願《ねが》う者《もの》は、能《よ》く一方《いっぽう》に主《あるじ》たり

二宮尊徳
『二宮尊徳語録』

目標を立てるとき、今の自分をもとに、実現できそうなものを選ぶこともあるでしょう。

ですが、それでは自分の可能性を狭

めてしまい、本来なら実現できるはずのこともできなくなってしまうかもしれません。

高い目標は、そのぶん努力も必要になりますが、その一部でも達成できれば大きな結果を得られます。

大きな目標を掲げることで、自分の可能性を広げ、さらなる飛躍ができるのです。

必《かなら》ず死《し》せんと戦《たたか》えば即《すなわ》ち生《い》き、必《かなら》ず生《い》きんと戦《たたか》えば即《すなわ》ち死《し》す

勝《かつ》田《た》祐義《すけよし》『金《きん》言《げん》童《どう》子《じ》教《きょう》』

自分はどうなってもいい、それほどの強い気持ちで行動を起こせば、成功をつかむことができるでしょう。それは捨て身の覚悟が、どんな難関をもくぐり抜ける力を引き出してくれるからです。

そうした覚悟もなく、中途半端な気持ちで行動を起こしてしまうと、実力を十分に

発揮できず、成功はおぼつきません。成功するかどうかは、気持ちの持ちようで決まるのです。

退くべきときを見極められるのも強さの一つ

まけてのく人《ひと》をよわしとおもうなよ
知恵《ちえ》の力《ちから》の強《つよ》きゆえなり

高杉晋作『贅御《ぜいご》日記』

あきらめず、努力し続けることも大切ですが、まったく勝つ見込みのないことに取り組んで、必要以上に体力や気力を消耗するのも避けたいもの。

それが自分のためにならないと思ったら、一度退くことも得策なのです。知力を働かせて、退くべきときに潔く退く。それも自分の道を歩むうえで必要な力なのです。

リーダーの行動が仲間のあり方を決める

主人《しゅじん》は一家《いっか》の模範《もはん》なり

安田善次郎『安田善次郎翁家訓の銘』

リーダーは仲間の模範となる存在です。その人が目標のために懸命に働けば、仲間も同じように努力します。倹約に努めれば、誰も無駄なことはしなくなり、仲間のために行動すれば、勝手なことをする者もいなくなるでしょう。そしてリーダーが誠実であれば、ほかの仲間も信頼し合い、強い絆で結ばれていくのです。

仲間たちに望むことがあるなら、リーダーが率先して行動で示すことが大切です。

大敵《たいてき》と見《み》て懼《おそ》るべからず、小敵《しょうてき》と見《み》て侮《あなど》らず

河竹黙阿弥《かわたけもくあみ》『裏表柳団絵《うらおもてやなぎのうちわえ》』

大きな困難を前にして不安になり、ひるんでしまうこともあるでしょう。また、簡単そうに見えたことで思いがけない失敗をし、痛い目を見ることも。

大切なのは、物事の難易に関わらず、いつでも真剣に取り組むこと。恐れすぎず、油断しすぎずを心がければ、大きなことも小さなことも着実に実現させていけるのです。

何《いか》に強敵《ごうてき》重《かさ》なるとも、ゆめゆめ退《しりぞ》く心《こころ》なく恐《おそ》るる心《こころ》なかれ

日蓮『如説修行抄《にょせつしゅぎょうしょう》』

夢に向かう途中で、大きな困難に何度もぶつかることがあります。そんなときは、逃げ出したくなったり、乗り越えられるかどうか不安になったりもするでしょう。

ですが、その気持ちに耐え、あきらめずに踏みとどまって努力したとき、夢や目標に一歩近づくことができるのです。困難に退くことなく、粘り強く歩み続ければ、きっ

と夢が実現するでしょう。

剣《けん》は心《こころ》なり

島田虎之助（出典不明）

剣は使いようによって、悪を助けるものにもなれば、善を生み出すものにもなります。この違いは、その剣を持つ人がどのような心を持つかによって

生まれます。

これはほかの道具、あるいは言葉や行動にもいえること。自分がどのような心を持って、何のために使うかで、周りに与える影響も変わるのです。

より多くの人の幸せを願って使えば、その道具はあなたの心を反映し、豊かな実りをもたらすことでしょう。

大きな目標は小さなことの積み重ねで達成できる

大事《だいじ》をなさんと欲《ほっ》せば、小《ちい》さなる事《こと》を、怠《おこた》らず勤《つと》むべし

二宮尊徳『二宮翁夜話《にのみやおうやわ》』

大きなことを達成しようとしていると、そのことばかりに心を奪われて、細かな日常への気遣いがおろそかになりがちです。しかし、物事は何でも日々の積み重ねからできています。どんな偉業も、日々できる小さなことから、実現への道が開かれていくのです。

毎日の大切なことに目を向け、日常の小さなことも手を抜かず、きちんと対処していく。その繰り返しが大きなことを成し遂げる力になっていくのです。

コラム

本当に言った？　その名言

名言の中には、本当にその本人が言ったかどうかはっきりしないものもあります。

　誰が言ったのか分からない名言もあれば、その人物にふさわしい名言を、後世の人が創作してしまうこともあるそうです。

　自由民権運動の指導者である板垣退助が兇漢《きょうかん》に襲われたときに叫んだとされる「板垣死すとも、自由は死せず」もその一つ。

　本人のセリフではなく、ジャーナリストの創作であるとも、事件のときにほかの人物が叫んだともいわれています。

　その後、板垣は一命を取りとめ、事件後も内務大臣になるなど活躍します。しかし、この名言については詳細を語らず、真相は未だに謎のままです。

第四章　人とよい関係を築きたいとき

魚《さかな》は水《みず》にあかず
魚《さかな》にあらざれば、その心《こころ》を知《し》らず

鴨長明『方丈記』

魚は水に飽きることはありません。そして、その気持ちは魚になってみないと分からないものです。

それは人も同じ。自分とは違う考えや生き方の人がいても、その人にとって正しければそれでいいのです。受け入れて尊重する気持ちが大事です。そうしてお互いの個性や価値観を認め合えば、温かなつながりを持って、生きていくことができるのです。

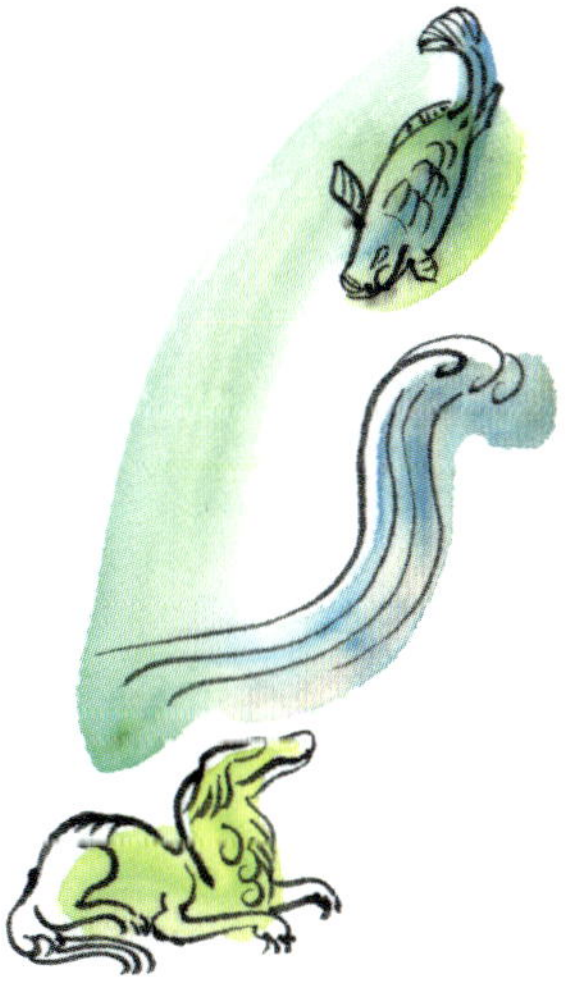

身《み》を破《やぶ》るよりも、心《こころ》を傷《いたま》しむるは、人《ひと》を害《そこな》う事《こと》猶《なお》甚《はなはだ》し

吉田兼好『徒然草』

心を傷つけること。それは体の傷以上に大きく深い痛みをもたらします。また、心の悩みが体に影響を及ぼし、不調や病気を招くこともあるのです。

自分に対しても、周りの人に対しても、心を大切に扱うようにしましょう。そうすることで健やかさを保つことができ、人との関係もよりよいものになっていくのです。

いかなるが　苦《くる》しきものと問《と》ふならば、人《ひと》をへだつる心《こころ》と答《こた》へよ

良寛（本人の書）

人を見下したり、差別する心は、相手だけでなく自分をも苦しめてしまいます。うまくいかないのはこの人のせい、あの人がいなければいいのに……そうした否定的な感情にとらわれると、喜びや幸せがあっても気づくのが難しくなってしまうのです。

この世に完璧な人はいません。人や自分の弱さを受け入れ、否定的なこだわりを捨

て去れば、心が解放されます。そうすれば、大きく穏やかな心で人とよい関係を築けるようになるでしょう。

やまとうたは、ひとのこゝろをたねとして、
よろづのことの葉《は》とぞなれりける

紀貫之『古今和歌集』

人の心を種に、あまたの言葉となって世に生み出されたものが和歌です。私たちも、和歌に限らず、日々たくさんの言葉を伝え合っています。

それらは一人ひとりの心の中から生まれたもの。心優しい人からは柔らかな言葉が、強く前向きな人からは凛《りん》とした言葉が紡がれます。
　そうして芽生えた言葉はいつか誰かの心に届き、美しい花を咲かせていくのです。

悲しみを乗り越える力は自分の中にある

悲《かな》しい時《とき》は身《み》一《ひと》つ

松《まつ》江《え》重頼《しげより》『毛《け》吹草《ふきぐさ》』

つらく、苦しい状況に陥ったとき、誰かに支えてもらいたいと思うこともあるでしょう。ですが、どんなに親しい人でも自分の気持ちを完全に分かってもらうことはできないのです。

自分の悲しみやつらさを本当に理解できるのは自分だけ。そしてどんな困難に陥っても、それを受け止められるだけの強さも、私たちは持っているのです。一人、その痛みに耐え、受け止めた先には、より成長した自分との出会いが待っています。

分からないからこそ、心を通じ合わせる努力を

枕《まくら》をならべても
只《ただ》はかりがたきは人《ひと》の心《こころ》なり

作者不詳『平治物語』

相手の心を知るのは難しいもの。心は一つに留まることなく、時や状況とともに変わり続けていくのです。だからこそ、相手のことを分かった

つもりにならず、言葉を交わし、思いを分かち合い、お互いのことを知り続けようという努力が必要です。
　そうした歩み寄りが互いの距離をより近く、より深いものにしてくれるのです。

人には優しく、自分には厳しく

人《ひと》を治《おさ》むるは、よろしく寛《かん》なるべし
己《おのれ》を治《おさ》むるに至《いた》っては、厳《げん》なるを貴《とうと》ぶ

室鳩巣《むろきゅうそう》『奥村伯亮《おくむらはくりょう》に答ふる書』

人に対しては温かく寛大に接することが大事ですが、自分に対してはある程度の厳しさも必要です。

自分を律する姿勢を忘れてしまうと、怠け心や気持ちの乱れが生じ、目標を達成することや、自分を高めていくことが難しくなってしまうのです。

優しさと厳しさの両方を持ち、自分と周りとの良好な関係を築くことが大切です。

他人《たにん》の悪《あく》を能《よ》く見《み》る者《もの》は、己《おのれ》が悪《あく》これを見《み》ず

足利尊氏『等持院殿御遺書《とうじいんどのごいしょ》』

ほかの人の欠点ばかりを気にしている人は、自分の欠点にはなかなか気づかないもの。

他人を正すことばかりに気をとられ

ていると、自分の欠点や未熟さを直視することができず、改める機会を逃してしまうのです。

もし今度、他人の欠点に気づいたなら、それを鏡にして、自分に悪いところがないか振り返ってみましょう。それが自分を変え、成長させていくことにつながるのです。

物《もの》を贈《おく》るには薄《うす》くして誠《せい》あるを要《よう》す

上杉鷹山《うえすぎようざん》（出典不明）

贈り物は、贈る側ももらう側も、お互いにうれしい気持ちになるのが一番です。そのためには、お金をかけるよりも心を込めることが大切です。相手のことを喜ばそうと、相手の暮らし、好み、趣味、幸せを懸命に考えて品物を決めることが、誠意であり、思いやりです。

そうして決めた贈り物は、たとえお金がかかっていなくても、きっと相手に多くの喜びを与えるでしょう。

人《ひと》我《われ》に負《そむ》くとも我《われ》人《ひと》に負《そむ》くこと勿《なか》れ

佐藤一斎《さとういっさい》『言志後録《げんしこうろく》』

人に裏切られたり、だまされたりすれば、誰でも深い悲しみや怒りを覚えます。

ですが、その痛みにとらわれ、自分

も同じようなことをしないよう、自制するのが大切です。

裏切りは痛み以外に何も生み出しません。そんな行いに手を染めるより、自分が正しいと思う道をまっすぐ歩いていけばいいのです。

才能と人格、どちらも兼ね備えた人を見つける目を

才《さい》あるものは徳《とく》あらず　徳《とく》あるものは才《さい》あらず　真材《しんざい》誠《まこと》に得《え》がたし

新井《あらい》白石《はくせき》『折《おり》たく柴《しば》の記《き》』

才能と人格、その両方を兼ね備えた人を見つけるのは難しいもの。才能がある人は、心よりもその才を磨くことに夢中になり、心豊かな人は、その優しさゆえに人と腕を競うのを避けるからかもしれません。

だからこそ、その人を見るこちらの目が大切になります。表に出ている相手の才能

や人格だけでなく、その奥にあるその人の本質を見極めること。それが素晴らしい人との出会いをもたらしてくれるのです。

山水《さんすい》に得失《とくしつ》なし　得失《とくしつ》は人心《じんしん》にあり

夢窓疎石《むそうそせき》『夢中問答《むちゅうもんどう》』

出来事や仕事、ときには人に対しても、自分にとって得か損かを考えてしまうことがあります。

ですが、そのような感情は人だけが

持っているもの。

山や川などの自然は、得もなければ損もなく、ただ静かにその営みを繰り返しています。

その悠然とした姿は、利害にとらわれた私たちの心をゆっくりとほぐしてくれるでしょう。

和とは互いの正直な気持ちを理解し合うこと

和《わ》を以《もっ》て貴《とうと》しとなし
忤《さから》うことなきを宗《むね》とせよ

聖徳太子『十七条憲法』

和というと、個人的な主張を抑え、周りとの平穏な関係を大切にしようという姿が浮かぶかもしれません。

ですが、和とは一人ひとりの考えや個性を大切にし、それを正直に伝え合い、ときに競争し、ときに話し合いながら、お互いに歩み寄って理解を深めていくこと。それぞれを尊重しながら、高め合い、磨き合うことができる。そんな関係が和なのです。

袖《そで》振《ふ》り合《あ》うも他《た》生《しょう》の縁《えん》

作者不詳『松ゆずり葉』

たくさんの人がいるこの世の中で、道ですれ違い、お互いの服の袖が触れ合うだけの出会いであっても、前世からの縁なのかもしれません。

ほんの一瞬の出会いであっても、その出会いが起きる確率はどのくらいでしょう。どんな些細なものでも、一生の中で出会う人と、まったく出会うこともない人、どちらが多いでしょう。

そう考えると小さな小さな出会いも、大切にする気持ちが生まれてきます。

そして、その気持ちがあれば、出会いは大きく深く広がっていくのです。

現代に通じる『枕草子』の名言

　徒然草と並ぶ日本の随筆の一つ『枕草子』にも、数多くの名言が残されています。

　有名な「春は曙～」の始まりなど、自然や当時の社会を生き生きと描くさまは、その一つひとつが名文であり、また名言であるといえるでしょう。

　現代にも通じるようなユーモアを含む名言も多々あります。例えば「ありがたきもの、舅に褒められる婿。また姑に思わるる嫁の君、毛のよく抜くるしろがねの毛抜。主そしらぬ従者……。」とあります。要するに舅に褒められる婿や、姑に大切にされる嫁、毛がよく抜ける銀の毛抜き、上司の悪口を言わない部下は、めったにいない、ということ。

　これを読むと、今も昔も変わらぬ人間関係が浮かび上がってきます。変わったことといえば、毛抜きの性能がよくなったことぐらいでしょうか。

第五章　人物紹介

武《たけ》田《だ》信《しん》玄《げん》（1521～1573）

武田信玄は、甲斐の守護大名・武田信虎《のぶとら》の長男として生まれました。

１５４１年に父を駿府の今川氏のもとに追放して、甲斐の国主となると、すぐに信濃攻略に乗り出し、平定しました。

これをきっかけに越後の上杉謙信と争うようになり、５度にわたって川中島で戦います。そのうち４度目の戦いでは武田本陣に攻め込まれ、自身も命を落としそうになったばかりか、配下の有能な武将の多くを失いました。その後、駿河にも侵攻し、掌握に成功。続けて三河を狙い、織田・徳川の同盟軍を破りましたが、その直後に病没してしまいました。

織《お》田《だ》信《のぶ》長《なが》（1534〜1582）

織田信長の父・織田信秀は、尾張清洲城主の三奉行の一人でしたが、やがて自立し、権勢を振るった実力者です。

信長は、その父の死後、主家筋の清洲織田家を滅ぼし、瞬く間に尾張を平定しました。さらに桶狭間の戦いで今川義元を破り、三河の徳川家康と同盟を結び、さらに美濃の斎藤氏を下して美濃も手に入れました。

この後、足利義昭を奉じて京に上り、義昭を将軍とするなど、天下統一の意志を強く示し始めたところ反発に遭い、各地の武将と対立、足利義昭との反目、延暦寺僧の攻撃、一向一揆などの反信長勢力に包囲されます。

信長はこれらをことごとく打ち破り、天下統一を目前にしましたが、配下の明智光秀の謀反に遭い、本能寺で自刃します。

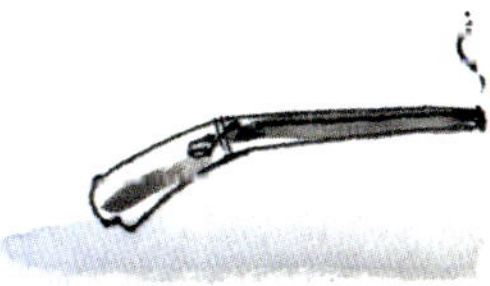

豊臣秀吉《とよとみひでよし》（１５３７〜１５９８）

尾張の百姓の子であった豊臣秀吉は、若いころに家を飛び出し、流浪しますが、やがて織田信長の家来となります。

そこで頭角を現し、ついには長浜城主つまり大名となります。

１５８２年に本能寺の変が起こると、秀吉はいち早く山崎の戦いで明智光秀を打ち破りました。これにより信長の後継者争いの主導権を握り、やがて柴田勝家を破り、さらに徳川家康を従えます。さらに四国、九州、関東、奥羽を次々に平定し、天下統一を果たしました。

晩年、二度の朝鮮出兵を行いましたが、その半ばで病没しました。

徳川家康《とくがわいえやす》（1542〜1616）

徳川家康は、岡崎城主・松平広忠の子として誕生。織田氏と今川氏という二大勢力に挟まれた小大名であったため、幼少のころは、織田・今川両家の人質として過ごしました。

今川義元が敗死すると独立し、織田信長と講和を結び、後に三河を平定しました。その後も遠江、駿河と領地を広げていきましたが、やがて織田信長が自刃。勢力を伸ばした豊臣秀吉と小牧長久手で戦いましたが、結局秀吉に従い、講和を結びます。北条氏滅亡後は関八州に封ぜられ、江戸に本拠を置きます。

秀吉の死後、巧みに勢力を伸ばし、関ヶ原の戦いで天下人としての地位を確立。江戸幕府を開きます。その後は幕府の安定に注力、徳川３００年の礎を築き、死後は下野の日光東照宮に葬られました。

伊達《だて》政宗《まさむね》（1567〜1636）

米沢城主の長男として生まれた伊達政宗は、家督を継ぐと二本松城主・畠山義継《はたけやまよしつぐ》と戦い、攻略しました。このとき、父・輝宗《てるむね》を味方の銃撃により失います。

その後は、蘆名《あしな》氏などを瞬く間に攻め滅ぼし、東北南部の広大な領地を手に入れました。

しかし、このころ豊臣秀吉の天下が確立しつつあり、秀吉の小田原攻めに参戦し、臣従するしかありませんでした。

秀吉の死後は家康に接近し、関ヶ原の戦いでは家康側につきました。その勝利の後、仙台城を築城。居を移し、伊達藩の礎を完成させます。

また、支倉常長《はせくらつねなが》をローマ教皇のもとに派遣したことでも知られています。

松《まつ》尾《お》芭《ば》蕉《しょう》（1644〜1694）

松尾芭蕉は、伊賀上野の農民の子として生まれました。長じて俳諧を好むようになり、31歳のころ俳諧師となるために江戸に下りました。

その後、様々な経緯を経て能力を認められ、宗匠（俳句の師匠）となります。このころ芭蕉は「桃青《とうせい》」と号していました。

やがて芭蕉は、当時の俳壇の低俗ぶりを嘆き、隠遁生活に入ります。そのときに結んだ庵の前に芭蕉を茂るままにしていたため、その庵を芭蕉庵とし、自らも「芭蕉」と号するようになりました。

後に、旅を好み、紀行文『野ざらし紀行』『おくのほそ道』などを著し、漂泊の旅を続けます。最後は九州への途上、大坂で息を引き取ります。

西郷隆盛《さいごうたかもり》（1827〜1877）

西郷隆盛は、薩摩藩の下級武士の子息として生まれました。長じてからは時の藩主・島津斉彬《なりあきら》のもとで徒《かち》目《め》付《つけ》（警護・探偵の役）として活躍していました。

　しかし、斉彬が病死すると、時勢に合わず、二度にわたって流罪となりました。

　許された後は、次第に倒幕に傾倒し、やがて土佐藩の坂本龍馬の仲介で、犬猿の仲であった長州と薩長同盟を結びます。

　さらに盟友・大久保利通とともに運動して、倒幕の密勅を受けます。大政奉還後に幕府を挑発して鳥羽伏見の戦いを起こすと、江戸城の無血開城を実現しました。

　明治維新後は、参議などを歴任しましたが、征韓論で対立をきっかけに下野。やがて不平士族にかつがれて、西南戦争を起こし、最期は自刃しました。

吉《よし》田《だ》松《しょう》陰《いん》（1830～1859）

長州藩の兵学師範・吉田大助の養子となった吉田松陰は、幼いころから兵学などを学び、10歳のころにはすでに藩校で教授していました。

成人すると諸国を巡り、各地の学者に教えを乞うとともに、見聞を広げます。

1853年、江戸遊学の際にペリーの浦賀来航に遭遇し、密航を企図。翌年、ペリーが再来航のときに密航を図るも失敗し、藩内にて獄につながれます。許された後、松下村塾を開き、高杉晋作、久《く》坂《さか》玄《げん》瑞《ずい》、伊藤博文などを教えます。

しかし、日米修好通商条約の調印の批判で罪に問われ、江戸に送られて処刑されます。

福沢諭吉《ふくざわゆきち》（1835〜1901）

福沢諭吉が生まれたのは豊前中津藩（今の大分県）です。

若いときから長崎に留学し、蘭学を修得。さらに大坂の緒方洪庵《おがたこうあん》の適塾で学び、その後、江戸で蘭学塾を開きます。また中浜万次郎（ジョン万次郎）などから英語も学びました。

１８６０年には幕府使節に随行して、咸《かん》臨丸《りんまる》で渡米し、後に渡欧。そのときの体験を著した『西洋事情』は、当時の社会に大きな影響を与えました。

もう一度渡米を果たした後、蘭学塾の名を「慶應義塾」と改め、これが慶應義塾大学の前身となります。『学問のすゝめ』なども著し、民間で啓蒙に努めました。

坂本龍馬《さかもとりょうま》（1835〜1867）

土佐藩の下級武士の次男として生まれた坂本龍馬は、江戸へ出て北辰《ほくしん》一刀流の道場で修行を積みます。このころ、ペリーが来航。龍馬はほかの武士と同様に、攘夷思想の影響を強く受けました。

土佐に戻り、武市《たけち》瑞山《ずいざん》の結成した土佐勤王党に参加するも、すぐに脱藩し、江戸で勝海舟の門下に入ります。

そこで勝海舟の薫陶《くんとう》を受け、次第に攘夷論から開明派へ。幕府の海軍操練所の創設に力を尽くします。

やがて長崎に亀山社中（後の海援隊）を創設。一方で、薩長同盟を仲介し、倒幕後の国家構想である「船中八策」を考え、大政奉還を実現するなど、まさに八面六臂の活躍をしますが、佐幕派に狙われ、暗殺されました。

山上憶良《やまのうえのおくら》（660～733？）

山上憶良は、万葉集にも撰されている奈良時代の歌人です。無位ながら遣唐使の一員として唐に渡り、帰国後、伯耆守《ほうきのかみ》に就任しました。

さらに筑前守《ちくぜんのかみ》となって太宰府に赴任。そこで大伴旅人《おおとものたびと》と出会ったこともあり、そのころから活発に歌を作るようになったといいます。

鴨長明《かものちょうめい》（1155？～1216）

鴨長明は鎌倉時代の歌人です。和歌および琵琶に秀でて、後鳥羽上皇から和歌所寄人《よりうど》（勅撰和歌を選ぶ役人）に抜擢されました。やがて出家して隠遁生活に入り、随筆の名作『方丈記』を著しました。

足利尊氏《あしかがたかうじ》（1305〜1358）

足利尊氏は室町幕府の開祖です。後醍醐天皇が幕府打倒を掲げて挙兵した際、はじめは幕府につきましたが、後に後醍醐天皇につき、六波羅探題を滅ぼしました。

その後、後醍醐天皇による建武の新政と反目。やがて楠木正成を破り、入京して、光明天皇を擁立。建武式目を制定して室町幕府を開きました。

世阿弥《ぜあみ》（1363〜1443）

世阿弥は、室町時代の能役者・能作者です。12歳のときに猿楽《さるがく》の演者である父・観阿弥と共に将軍・足利義満の前で演じて絶賛され、以降寵愛されました。その後ろ盾もあって、猿楽を能にまで高め、能楽論『風姿花伝』などを著します。義満亡き後は冷遇され、佐渡に流刑となり、生涯を閉じました。

一休宗純《いっきゅうそうじゅん》（1394〜1481）

一休宗純は、室町時代の僧です。後小松天皇の落胤《らくいん》（私生児）ながら恵まれず、6歳のときに京都の安国寺に入りました。

27歳のときに華叟宗曇《かそうそうどん》から印可《いんか》を受け、その後は各地を放浪しながら、形骸化した禅を批判し、風狂、奇行を行いました。やがて大徳寺の住持となり、戦乱で焼失した同寺の復興に尽くします。

詩や書画にも優れ、多くの人に愛されたといわれます。

千利休《せんのりきゅう》（1522〜1591）

千利休は戦国時代の茶人です。茶頭として織田信長、豊臣秀吉に仕え、簡素で精神的な深みを追求する侘茶《わびちゃ》を大成しました。

豊臣政権下では、側近政治にも深く関わり、大きな勢力を持っていました。しかし、秀吉の怒りを買い、切腹を命じられ、その生涯を閉じました。

柳生宗矩《やぎゅうむねのり》（1571〜1646）

江戸時代前期の大和柳生藩主である柳生宗矩は、剣術家・柳生宗厳《むねよし》の子として生まれました。徳川家康に仕え、関ヶ原の戦いでの功績により柳生二千石を与えられます。江戸幕府成立後も将軍の兵法師範を務め、また大目付になるなど出世し、大和藩の大名とまでなりました。一剣術家が大名となった最初で最後の例です。

宮本武蔵《みやもとむさし》（1584〜1645）

宮本武蔵は江戸時代前期の剣豪です。父のもとで剣術の修行を受け、若いときから各地を回って他流試合を行いました。有名な佐々木小次郎との試合もこの時期に行われたといわれています（史実としての詳細は不明）。後に熊本藩主・細川忠利の客分となり、同地で『五輪書《ごりんのしょ》』を著しました。水墨画、木彫などにもその才能を現しています。

徳川光圀《とくがわみつくに》（1628〜1701）

徳川光圀は江戸前期の水戸藩主で、徳川家康の孫。水戸黄門のモデルになった人物です。

水戸藩主時代は、政治だけでなく文化への貢献も多く、名君として知られました。引退後も政治へ関与し、社寺の改革・殉死の禁止を実現します。文化面では、『大日本史』や万葉集の注釈書である『釈万葉集』の編纂に注力しました。

良寛《りょうかん》（1758〜1831）

良寛は、江戸後期の禅僧です。越後の名主の家に生まれましたが、世事に疎く、18歳のときに出奔して禅寺に入ります。円通寺・国仙のもとで印可《いんか》を受け、国仙の死後は諸国を遍歴しました。

やがて越後・国上寺の五合庵に定住し、貧しい生活を送りながら、詩歌・書を創り、子ども達と遊んで過ごしました。

二宮尊徳《にのみやそんとく》（1787〜1856）

二宮尊徳は、幕末の農村復興運動の指導者です。幼くして父母を失い、伯父のもとで育てられましたが、その間も農作業や勉学に励み、若くして生家を再興。さらに小地主となりました。

その後、小田原藩の家老・服部家の若党となり、服部家の財政立て直しに成功。そうした功績が重なり、ついには幕臣に取り立てられ、諸藩領や旗本領などの復興に力を尽くしました。

宮沢賢治《みやざわけんじ》（1896〜1933）

大正・昭和の詩人、童話作家である宮沢賢治は、岩手県の裕福な質屋の長男として生まれました。高等学校卒業後、上京して法華経の団体「国柱会」で奉仕活動などを行った後、帰郷。稗貫《ひえぬき》農学校の教員となります。そこで詩集『春と修羅』、童話『注文の多い料理店』などを執筆。その後は教員を退職、羅須地人《らすちじん》協会を設立し農民指導に力を注ぎました。

リベラル社の名言シリーズ

心がまあるくなる 禅語

「一期一会」「日々是好日」「知足」…

心を癒し、毎日を大切に過ごしたくなる禅の言葉を紹介。迷う時、自信をなくした時、そっと開いてみてください。

定価　本体 1,000 円＋税

定価　本体 1,000 円＋税

心が冴えわたる 論語

数々の偉人に影響を与えた論語。そこには、力強く生きるためのアドバイスがあります。自分を磨きたい時、壁にぶつかった時、この本からヒントを見つけてください。

心が澄みわたる 名僧の言葉

人々とともに生き、仏の心を広めた名僧たち。人生の大切な教えを伝え、迷いから解き放ってくれる珠玉の言葉を集めました。ホッと一息つきたい時にどうぞ。

定価　本体1,000円＋税

心が熱くなる 名将の言葉

生と死のはざまを懸命に生きた武将たち。その言葉は今に生きる私たちを、強く、厳しく、そして時に優しく勇気づけます。この一冊であなたも熱い人生を！

定価　本体1,000円＋税

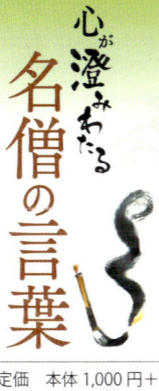

◇参考文献
名言の智恵 人生の智恵（PHP 研究所／谷沢永一）
歴史を動かした名言（筑摩書房／武光誠）
人生に役立つ！ 偉人・名将の言葉（PHP 研究所／童門冬二）
語り継ぎたい東洋の名言 88（総合法令出版／ハイブロー武蔵）
ビギナーズ・クラシックス徒然草（角川書店／角川書店編）
ことわざ名言事典（創元社／創元社編集部 編）
名言名句に強くなる！（世界文化社／ CULTURE 編集部）
日本人名大辞典（講談社／講談社出版研究所編）ほか

※本書は『日本の名言集』（2006 年／リベラル社刊）を再編集し、大幅な加筆修正を加えたものです。

イラスト／山本雅子

装丁デザイン／宮下ヨシヲ（キーウエストクリエイティブ）

本文デザイン／渡辺靖子（リベラル社）

編集／直本文郎（Bering Networks）・
渡辺靖子・宇野真梨子（リベラル社）

編集人／伊藤光恵（リベラル社）

心が和む 日本の名言

2012 年 7 月 24 日　初版
2019 年 9 月 26 日　再版

編　集　　リベラル社
発行者　　隅田　直樹
発行所　　株式会社 リベラル社
〒460-0008
名古屋市中区栄 3-7-9 新鏡栄ビル 8F
TEL 052-261-9101　FAX 052-261-9134
http://liberalsya.com
発　売　　株式会社 星雲社
〒112-0005
東京都文京区水道 1-3-30
TEL 03-3868-3275

ISBN978-4-434-16921-2　53005